Rosa Ferro

CRISIS SIGNIFICA OPORTUNIDAD

Formas De Hacer Dinero Incluso En Tiempos De Crisis

ISBN-13: 978-1974542444
ISBN-10: 1974542440
Sello: CreateSpace Independent Publishing

"El ingrediente más importante es levantarte y hacer algo. Es así de simple. Muchas personas tienen ideas, pero sólo algunas deciden hacer algo respecto hoy. No mañana. No la siguiente semana. Sino hoy. El verdadero emprendedor actúa en lugar de soñar",
Nolan Bushnell, emprendedor.

PROLOGO

La situación económica de más de medio mundo hasta el momento de escribir este libro (año 2015) ni estaba bien, ni se esperaba que mejorase en algún tiempo. Incluso ahora (año 2017) para la mayoria la situación sigue igual. No importa lo que digan los "otros". Pero para bien o para mal la vida sigue adelante para todo el mundo y todos tenemos facturas que pagar, familias a las que sacar adelante, hipotecas...
Uff, cuantas cargas económicas ¿cierto?.

Lamentablemente sólo el 80% de la población sabemos lo que eso significa. El otro 20% "ni se cosca" porque, desafortunadamente, tienen en sus manos el 80% de la riqueza y lo saben. Ese es lado malo de la situación. El lado bueno... que los que menos poseemos, tenemos alternativas para cambiar eso.

Algunos dicen que estamos saliendo de la crisis (no gracias a la clase "gobernante"), otros dicen que lo peor está por venir...yo opino que cada cual ve las cosas según su propio prisma.

Quien escribe este libro no es gurú de los negocios (ni más faltaba), porque de esos ya tenemos muchos. Tampoco tiene un master en ciencias económicas, ni nada parecido. Ni tan siquiera tiene un titulo universitario, porque de esos tambien hay muchos...y se están marchando de este país por falta de oportunidades laborales. (N.A.:¡Así se hace, señores gobernantes y miembros de la "Casta"!¡Viva la madre que parió al que inventó la "fuga de cerebros"!(Olé por el sarcasmo en estado puro.)).

Simplemente es una persona que pretende dar ideas de posibles negocios, un equeño rayito de esperanza, para aquellos que deseen emprender uno.

De echo este libro representa una pequeña guia de bolsillo que nace del blog creado por la misma escritora. La url de dicho blog es http://comoganodinero-entiempos-decrisis.blogspot.com.es/.

En general se trata de intentar dar una respuesta sencilla y de múltiples opciones a una pregunta que todos nos hemos hecho alguna vez debido al contexto actual:
¿Como hago para ganar dinero a pesar de la crisis?

Es necesario advertir que algunas de las ideas que el lector va a leer en este libro, requieren una inversión mínima (a veces un poco alta, todo depende del bolsillo de cada uno), mientras que otras pueden llevarse a cabo sin necesidad de realizar ningún esfuerzo económico, lo que no significa que sean un timo.

IDEAS BASADAS EN HABILIDADES Y AFICIONES(IBHA)

IBHA Número 1

<u>Hacer Comida Casera</u>

Supongamos por un momento:
+ que no dispones de mucho dinero para invertir en un negocio.
+ que sólo sabes cocinar.
+ que, de hecho, esa es tu única, y mejor, habilidad.

Seguramente hay un tipo de cocina que te gusta mucho comer y que sabes hacer mejor que nadie. Italiana, griega, mexicana,...platos típicos de la ciudad donde vives, dulces que son mas bien "antojitos" regionales, hamburguesas, perritos calientes, pasteles,...cocina dietética, vegetariana, para celiacos...

Da igual el tipo de cocina. Si te gusta cocinar, sabes cocinar y en tu cocina tienes los ingredientes necesarios, ya tienes más del 50% del camino recorrido. El otro 50% lo tendrás cuando hagas tu plan de negocios.

La idea consiste en hacer comida casera. Bien para llevar o bien para recoger en tu domicilio. Tú decides lo que te viene mejor.

Necesitarás mucha "maña" en la cocina, abilidades culinarias, ideas creativas, un libro de recetas (por eso de la variedad) y un blog como: <u>http://comoganodinero-entiempos-decrisis.blogspot.com.es/</u> , como http://cazosyfogones.wordpress.com/ o similar para promocionar tu negocio.

Lo bueno es que puedes comenzar desde la cocina de tu casa, con los ingredientes de que dispones.

Lo malo es que si no sabes que publico te conviene más, las cosas se te pueden poner un poco difíciles.

Tus clientes potenciales podrían estar, y de echo suelen estar, entre la gente soltera, los ejecutivos que sólo tienen tiempo para el trabajo, los "rodriguez", los estudiantes...y, en general, todo aquel que no tenga tiempo para cocinar.

IBHA Número 2

<u>Hacer Manualidades</u>

Una idea como la anterior.

La idea consiste en vender tus manualidades en tiendas, a tus conocidos, en páginas como Ebay, Etsy o Mercado Libre.

Necesitarás tu habilidad para hacer esas manualidades.

Lo bueno es que no importa si tejes, haces punto de cruz o ganchillo, si puedes convertir un cartón de huevos en un precioso monedero... siempre vas a tener clientes dispuestos a pagarte tus creaciones.

Lo malo es que, como en la siguiente, necesitas que esa habilidad tuya para crear cosas increibles, te haga el mejor porque solo así, tus obras serán dignas de que las compre el más caprichoso de tus clientes.

Tus clientes potenciales podrían estar, y de echo suelen estar, entre la gente que busca creaciones increibles y originales... como las tuyas.

IBHA Número 3.

Cobra Por Hacer Tareas

Supongamos que hay algo que sabes hacer mejor que ninguna otra persona.

Traducir textos entre varios idiomas, hacer portadas "superchulas", contar chistes,...

La idea consiste en lograr que la gente te pague por hacer esas cosas que tú sabes hacer.

Necesitarás una habilidad que te haga ser, ademas de único, el mejor de todos los que tienen tu misma habilidad.

Lo bueno es que puedes comenzar sin tener un solo euro en el bolsillo.

Lo malo es que necesitas que esa habilidad tuya, te haga el mejor en eso que sólo tú sabes hacer tan bien.

Tus clientes potenciales podrían estar, y de echo suelen estar, entre la gente que busca quienes les haga esas cosas.

IBHA Número 3.

Organiza Fiestas Y Eventos

Supongamos que eres el/la mejor organizando ""saraos.

Despedidas de solter@s, fiestas de fin de curso, cumpleaños,...carecen de secretos para tí.

La idea consiste en cobrar por organizar la fiesta quese te pida.

Necesitarás una habilidad única en saber que se requiere para el evento, bastante dinero para pagar servicios como catering o alquiler de local(aunque lo puedes hacer si pides un anticipo de lo que vas a cobrar tras la fiesta o cobrar por adelantado), buen gusto para que hacer que la gente hable de tus eventos durante días.

Lo bueno es que puedes comenzar con poco dinero haciendo las botanas(sandwiches,platos fríos,...) en tu casa y organizando la fiesta en sitios económicos, lugares abandonados o en casa de tus amigos(si te dejan).

Lo malo es que necesitas que esa habilidad tuya, te haga el mejor en eso que sólo tú sabes hacer tan bien.

Tus clientes potenciales podrían estar, y de echo suelen estar, entre la gente que necesita organizar una fiesta/evento importante pero carece de tiempo para hacerlo ell@s mism@s.

IDEAS BASADAS EN CONOCIMIENTOS Y EXPERIENCIA(IBCE)

IBCE Número 1

Reformar Casas Para Venderlas

Si te gusta el estilo de vida tipo "alondra"(mudanzas cada x tiempo) puede que esta idea sea de tu interes. Sobre todo si te acaba de tocar la Loteria o acabas de heredar un muy buen dinero con el que no tienes idea de que hacer.

La idea consiste en comprar, a un precio mas o menos bajo, casas, pisos o cualquier otro tipo de vivienda que esté como para derribarla directamente, reformarlas para que queden "de lujo" y venderlas a un precio mayor del que pagaste al comprarla.

Necesitas una gran pasión hacia todas aquellas áreas que estén implicadas en lo referente a las reformas, paciencia "por un tubo",tiempo y una cantidad de dinero de más de 5 cifras.

También necesitaras conocimientos tecnicos en Diseño De Interiores y, a ser posible experiencia en los sectores interiorista e inmobiliario.

Lo bueno de este tipo de negocio es que mal que bien, con la venta de esa vivienda que has reformado, puedes llegar a recuperar gran parte de lo que invertiste en la compra.

Un ejemplo hipotético:

Supongamos que dispones de 100.000 euros,
Compras una casa a un precio alrededor de
50.000 euros,
La reforma puede tener un presupuesto de
alrededor de 30.000 euros.

En ese proyecto ya has invertido alrededor de
80.000 euros y has ahorrado cerca de 20.000,
si finalmente la vendes a un precio que gira
en torno a los 90.000 euros, ya has
recuperado tu inversión inicial y además has
ganado 10.000 euros.

En este ejemplo empiezas el proyecto con
100.000 y al final obtienes un total de
110.000 euros (100.000 euros que ya tenias al
principio + 10.000 euros que obtienes de
ganancia)

Lo malo es que si no dispones de tiempo, no tienes
a tu disposición una cantidad mínima de dinero
bastante elevada, no te gustan las reformas o no te
consideras "manitas" las cosas se te pueden poner
muy difíciles., por lo que te aconsejo que no lo
intentes por esta vía.

Tus clientes potenciales podrían estar, y de echo
suelen estar, entre aquellos que muestran gran
interés en el mundo inmobiliario, ya sea como modo
de inversión, para entrar a vivir......

IBCE Número 2.

Asesoría Privada

Si tienes la formación necesaría y algo de experiencia puedes montar una asesoría de cualquier tipo: legal, fiscal, contable, de coaching (algo muy de moda últimamente)...

La idea consiste en dar consejo a empresas y autónomos en el area en la que tienes formación.

Necesitas formación en el area en la que pretendes dar asesoría. La experiencia suele tener bastante valor.

Lo bueno es que puedes hacerlo desde casa, online,... y lo puedes compatibilizar con tu vida familiar y de paso te ahorras un buen dinero y bastante tiempo que, en otras formas, gastas por asuntos de desplazamientos y todo eso.

Lo malo es que si no estás habituado/a a ese tipo de horarios, al principio se te puede hacer un tanto "cuesta arriba" el cambio.

Tus clientes potenciales podrían estar, y de echo suelen estar, entre empresarios y autonomos que ni pueden costearse algo parecido en esa area que tu conoces mejor que nadie, subcontratar a una empresa dedicada al tema...

IBCE Número 3

Hazte Escritor/Escritora

Sólo necesitas un tema en el que tus amigos siempre te piden ayuda para crear un libro del tema. Tambien puedes escribir el libro que a tí te gustaría leer y que aún no han publicado(misterio, ciencia ficcion, terror, drama, comedia,fantasía,...)

La idea consiste en escribir un libro o un ebook, como este, hablando del tema en que eres un "experto".

Necesitas una idea y un tema del que tú sepas más que nadie o una historia que contar.

Lo bueno es que puedes hacerlo desde casa. Hay editoriales que te lo pueden publicar gratis o por casi nada de dinero. Yo estoy en Bubok, en Lulu y en Amazon (KDP y CreateSpace):

BUBOK:
http://www.bubok.es/?amigo=mafyro (si quieres publicar tu libro)

http://www.bubok.es/autores/mafyro
  (si quieres leer uno de mis libros.)

LULU:
http://www.lulu.com/spotlight/mafyro (por si necesitas mi ayuda, dímelo.)

Y mi mayor orgullo, aunque seguro que tú lo puedes hacer mejor.

AMAZON KDP:

-Gema De Sangre. El Caso De La Joya Familiar Robada

Ebook Kindle:
https://www.amazon.es/dp/B073BFVK5M

- Gema Envenenada. El Caso Del DJ Asesinado En El Pueblo Maldito

Ebook Kindle:
https://www.amazon.es/dp/B073NR54XG

AMAZON CREATESPACE:

-Gema De Sangre. El Caso De La Joya Familiar Robada

Libro Fisico:
https://www.createspace.com/7292163

-Gema De Sangre. El Caso De La Joya Familiar Robada

Libro Fisico:
https://www.createspace.com/7292163

Lo malo es que si no te gusta escribir o no tienes un tema del que hablar...

Tus clientes potenciales podrían estar, y de echo suelen estar, entre aquellos que tienen mil y una preguntas sobre el tema que tú conoces mejor que nadie o que buscan un escape al estres de su vida diaria.

IBCE Número 4

<u>Hazte Tatuador/ Maquillador/ Manicurista.</u>

Esta idea es un poco como algunas de las anteriores. La idea base es "ganar dinero haciendo lo que te gusta".

La idea consiste en ofrecer tus servicios y para tatuar, maquillar a un grupo de gente determinado (novias, transformistas, drag queens, fiestas de disfraces,...) o hacer manicuras a domicilio.

Necesitas pasión por lo que haces y bastante experiencia en lo que hayas elegido.

Aunque tambien podría estar dentro de la seccion de IBHA (Ideas Basadas en Habilidades y Aficiones) la englobo en esta (IBCE) porque otro factor importante para que tengas éxito con esta idea es ese: La Experiencia.

Tambien vas a necesitar un transporte propio con el que moverte al domicilio de tu cliente y, en el caso de querer ganar dinero como tatuador, saber dibujar y hacerlo muy bien.

Lo bueno es que puedes hacerlo desde casa. Puedes comenzar a ofrecer tus servicios a tus conocidos, amigos, vecinos...

Lo malo es que no todo el que quiera, por ejemplo, hacerse un tatuaje va a confiar en tí desde el minuto cero.

Tus clientes potenciales podrían estar, y de echo suelen estar, entre aquellos que AMAN servicios como los que tu ofreces.

IDEAS CON BASE EN INTERNET(ICBI)

ICBI Número 1

Consultorio Online De Tarot

Si te interesa el mundo esotérico debes saber que hay muchas personas que están deseando conocer su futuro.

En el blog del cual sale este libro hay una entrada que te va a llevar directo a un curso en el que puedes aprender a leer el tarot y que te regala una plantilla para que puedas montar tu propio consultorio en 5 minutos o menos.

La idea consiste en leer las cartas del tarot a aquellos que quieran hacerte alguna consulta.

Tambien podrás ofrecer la opción, si te interesa el tema y tienes conocimientos, de hacer cartas astrales y consultas de numerología...

La lista es muy amplia. Una vez montada tu consulta el cielo es el límite.

Necesitas el curso de lectura de Tarot que tienes en http://comoganodinero-entiempos-decrisis.blogspot.com.es/2012/07/consultorio-online-de-tarot.html, una web (que puedes montar con la plantilla que te regala el curso) y un consultorio online que vas a poder montar en poco menos de 5 minutos.

Lo bueno de este tipo de negocio es que siempre

tendrás una clientela fiel dispuesta a dejar que le leas las Cartas del Tarot.

Lo malo es que siempre vas a encontrar gente que te pueden poner las cosas muy difíciles. Ten en cuenta que ese tipo de personas no creen en lo que tú y , posiblemente, te tachen de "Timador@".

Tus clientes potenciales podrían estar, y de echo suelen estar, entre aquellos que muestran gran interés por el mundo esotérico.

ICBI Número 2

Ver Publicidad

Seguro que eres de aquellos que piensan que la publicidad es un martirio para la vista. Eso era antes. Ahora puedes encontrar plataformas en las que te pagan por verla.

La idea consiste en ver las web que se te ofrecen, siempre de acuerdo a tus gustos e intereses.

Necesitas una cuenta de email y otra en una plataforma de pagos tipo Paypal/Payza y registrarte en una web. Yo estoy en ClicXTi. El enlace es

http://www.clickxti.com/alta.php?Id=43107510

Lo bueno de este tipo de negocio es que siempre tendrás trabajo.

Lo malo es que el pago por ver esa publicidad es en "clickpuntos".

Estos se pueden cambiar por dinero, pero debes recordar que 1000 "clickpuntos" equivalen a 1 euro y que sólo podras cobrar cuando llegues a los 5 euros si vives en España.

Si no el minimo es 10 euros.Siempre con un cargo de 0,99 euros por comision de transferencias.

Tus clientes potenciales podrían estar, y de echo suelen estar, entre aquellos que quieren ganar dinero de esta manera viendo publicidad de su interes .

ICBI Número 3

Comercio Electrónico

Es una oportunidad en la que sí o sí, consigues ganar dinero. Sobre todo si tenemos en cuenta que este es un sector que está creciendo de una forma "bestial".

La idea consiste en abrir una tienda online con la idea que quieres vender. Un buen modo de empezar es con el sitio de subastas Ebay o en Zazzle.

Puedes ver un ejemplo de lo que quiero decir en: https://www.zazzle.com/fantasias?lang=es

Necesitas, obviamente, un producto que vender, una idea, un diseño, objetos que ya no necesites.... Algunas ideas suelen venderse solas. Si la tuya es una de ellas, tienes mucho camino ganado.

Lo bueno de este tipo de negocio es que, además de que puedes hacerlo desde casa, siempre tendrás una clientela fiel si tu producto o idea es muy buena.

Lo malo es que, al principio, nunca es sencillo comenzar a generar negocio con una idea o producto que mucha gente puede criticar.

Tus clientes potenciales podrían estar, y de echo suelen estar, entre aquellos buscan lo que tú vendes.

ICBI Número 4

Importar productos de China y USA

Es, como la idea anterior, una oportunidad en la que sí o sí, consigues ganar dinero. Ten en cuenta que cada día son mas las personas que buscan comprar, a precios económicos, artículos que, en la calle, suelen estar al alcance de muy pocos.

De echo esta idea es tan buena que bien podría haberla colocado en cualquiera de las otras 2 secciones de este libro "IBHA (Ideas Basadas En Habilidades Y Aficiones)" e "IBCE (Ideas Basadas En Conocimientos Y Experiencia)".

La idea consiste en comprar artículos de China y USA a precios casi de risa, para ofrecerlos en tu pais de origen a precios que, desde el punto de vista de tu comprador, son una "ganga".

Necesitas, obviamente, un producto que vender. Ahora mismo, los que más se venden son los artículos electrónicos, los accesorios (joyeria, calzado, tocados, gorros y sombreros) y la ropa.

Lo bueno de este tipo de negocio es que sólo necesitas:

Una cuenta de Email,

Una Cuenta en una pasarela de pago tipo Paypal y otra en webs como: LightInTheBox, MiniInTheBox, y puede que tambien en DealeXtreme.

En este tipo de webs vas a encontrar productos que, para tu bolsillo, van a ser una muy pequeña inversión si lo comparas con las ganacias que puedes obtener con sólo 1 día de trabajo.

Cuenta en redes sociales como Facebook, Twitter, Pinterest,...

Cuenta en Ebay (si quieres vender en una tienda online) o una tienda física (si quieres vender en la calle).

Este último requisito es más bien opcional. Pero que necesitas donde vender tu mercancía, eso si que NO es opcional.

Lo malo es ... no le veo lo malo. Gastas muy poco dinero y ganas mucho más.

Te muestro un ejemplo muy práctico y

sencillo:

"Un vestido de novia:
Hermoso diseño, con los detalles justos y necesarios (pedrería, lazos, botones y/o cremallera en el cierre, pliegues en la parte baja,...), confeccionado a medida y hecho con muy buenos materiales (seda, chifon, chiantú, tul, organza,etc). ¡Vamos! Un vestido de novia de primera calidad.

A una novia que lo compre de forma tradicional le puede llegar a costar en torno a los 3 mil euros, minimo.

A tí, en una de las tiendas citadas arriba, te puede costar alrededor de unos 800 ó 900 euros, más o menos, como máximo, contando que sea "de temporada"(osea, novedoso y muy a la moda).

Si lo vendes entorno a los 1000 1500 euros, recuperas tu inversión y ganas entre 100 y 700 euros."

Tus clientes potenciales podrían estar, y de echo suelen estar, entre aquellos que buscan lo que tú vendes al precio que tú lo ofreces y el publico general. Todo depende de qué es lo que ofreces.

ICBI Número 5.

Inversiones Binarias Online.

Es, una oportunidad en la que sí o sí, consigues ganar dinero. Aunque no te voy a engañar. Entraña cierto riesgo, por lo que debes estar sguro de quieres y puedes invertir ese dinero.

Ten en cuenta que cada día son mas las personas que buscan ganar dinero de esta forma.

Algunas plataformas te pediran un monto minimo de 200 a 300 euros/dolares.

La idea consiste en decidir cuanto quieres invertir en la opción ya que no hay precio fijo, solo de retorno fijo.

Un ejemplo hipotético y meramente teórico:

"¿Piensas que el precio del petróleo va a alcanzar $100/barril en la próxima hora?

Invirtiendo en su pronóstico, puedes generar 89% de tu inversión en menos de una hora.

En caso de que la predicción sea incorrecta, y si has escogido la opción de reembolso (lo cual te aconsejo que hagas si la plataforma escogida tiene esa opción), obtienes un reembolso (el dinero que se te devuelve) que es de un 45% aproximadamente.

Es decir. En este caso si has "apostado" 100 dolares/euros:
-Si tu pronóstico es acertado ganas 89 dolares/euros, por lo que en tu cuenta de trading tienes 189 dolares/euros + lo que tenías antes de "apostar"
-Si, por el contrario, tu pronóstico es errado, pero has elegido la opcion de retorno, ganas 45

dolares/euros + lo que tenías antes de "apostar" "

Necesitas, obviamente, una tarjeta de crédito con bastante saldo y una cuenta en una plataforma de inversión como la que se encuentra en este enlace: https://iqoptions.com/?ref=1440529 .

Lo bueno de este tipo de negocio es que, además de un poco de paciencia y 10 minutos al día, sólo necesitas:

Una cuenta de Email,

Una Cuenta en una pasarela de pago tipo Paypal y otra en plataformas de inversión como: IQOPTIONS.COM

Lo malo es ... si no tienes cuidado puedes llegar a perder casi el doble de lo que inviertes.

Tus clientes potenciales ... vamos a dejarlo en que no te hace falta vender nada, así que no necesitas clientes.

En todo caso puedes darle tu enlace de amigo a gente de tu entorno que quiera ganar dinero "a cascoporro".

ICBI Número 6.

Redaccion De Artículos Online.

Es, una oportunidad en la que sí o sí, consigues ganar dinero. Sin riesgos, sin inversiones que impliquen perdidas de capital...

Puede que te encuentres con alguna plataforma que, para darte temas para escribir te exijan un pago "unico" para poder acceder a la plataforma.

Pero,la mayoría de las veces, te vas a encontrar con plataformas que sólo te van a pedir una muestra de tu escritura para saber cosas como tu estilo, tu nivel de conocimientos...pero no te preocupes. Es lo normal.

La idea consiste en elegir un tema de tu preferencia y escribir sobre él.

Necesitas, obviamente, un ordenador con un procesador de textos como en el que estoy escribiendo este libro, una cuenta en una pasarela de pago como payza, paypal...o una cuenta de banco para que te puedan pagar por transferencia bancaria y una cuenta en una plataforma de redacción de artículos. Yo te aconsejo Artigoo(en español) y Hubpages(sólo admite textos en inglés).

ARTIGOO:
http://artigoo.com/?u=rosaferro

HUBPAGES:
http://hubpages.com/@rosamarina

Lo bueno de este tipo de negocio es que, además de un poco de paciencia y 10 minutos al día, sólo necesitas:

Una cuenta de Email,

Una Cuenta en una pasarela de pago tipo Paypal y otra en plataformas de escritura de artículos como Artigoo y Hubpages.

Cuantos más artículos escribas, más dinero ganas. Eso es lo mejor de esta idea de negocio. Que cualquiera puede llevarla a cabo.

Lo malo es ... ¡POR FAVOR. NO ME INSULTES, QUERID@!

Escribes acerca de lo que tu quieras, ganas dinero, pasas tiempo de calidad con tu familia, no tienes que soportar horas interminables entre el tráfico horrible y la oficina mucho más horrible aún

¿Le ves lo malo por algún lado? PORQUE YO NO.

Tus clientes potenciales ... vamos a dejarlo en que no te hace falta vender nada, así que no necesitas clientes.

En todo caso puedes darle tu enlace de amigo a gente de tu entorno que quiera ganar dinero "a cascoporro" solamente haciendo algo que aprendieron en primaria: escribir.

5 Keys to Success in Todays Market Learn the Difference in Prospecting and Marketing

Learn what your upline isn't teaching you to build your business in Todays Market and How it's costing you your Business and Money

By Gregory J Smith

The Book of Proverbs 28:19, Solomon says that without vision the people perish. Diligence is an essential part of your vision being diligent is the single most important part of your success in anything. In proverbs 6:6 Solomon's tells those who doubt and lack to look at the ant

And how I was introduced to Direct sales back in the 80's, didn't do much with it but always saw the potential in the business model on how to make money using household goods and showing others to do the same thing. I saw it to get out of the rat race of the JOB.

3

Not until the mid-90's was I reintroduced to Network Marketing/ Direct Selling again by my cousin. This business concept gave me a foundation on how to run my own business outside of what was being taught plus being exposed to other ways of thinking through books I have read which I think solidified my belief system which has led me to put together this e-book for my followers and non-followers. Ok, let's get to what this content is about

But what was ironic, it was the same affiliate company that I was introduced to back in the 80's. Before being reintroduced to this business, I moved to L.A., did a stint in some movies, Working also behind the scenes. I have an extensive Martial Arts background which was influenced by the Late Great Bruce Lee. This later shaped my views about life, and in business

5

The one advantage when prospecting online verses offline is that you're in the privacy of your own home. This Cold Marketing approach can be annoying and can get you banned from some social media sites, especially ones like Facebook. This can also ruin your reputation in the marketplace online as well as offline opportunities. This also happens within open groups and some private groups online that are specific geared towards network marketing.

Marketers Most of these groups promote spamming links to each other about their product or services. In today's market online, a lot of Network Marketers practice the cold marketing prospecting approach to build their business like they're taught to do offline.

They think it's different when they bring their offline strategies online thinking they are doing internet marketing.

7

The initial Marketing strategies that are working in today's market is Video. You say why Video? Video has few components. One is that it builds rapport more than any other medium. It's a great marketing tool to build an online presence that allows people to hear and see you. Other marketing strategies like Top Marketer Ray Higdon uses blogging as his marketing strategy but he also implements Video within all his blogs. He said after adding video into his blog posts, His conversion rates with leads tripled, which increased his

Income 80% to 90%
The one thing that prospecting doesn't give you is leverage. What old school prospecting requires is the physical action. Be it in person or online, both are very similar in action just using different tools to contact people. In Network marketing the term prospect is what we call leads in internet-

MARKETING. WHAT HAS CHANGED IS THE COLD MARKET ASPECT OF PROSPECTING. THESE ARE PEOPLE YOU DON'T KNOW. THE WARM MARKET ASPECT OF PROSPECTING IS THE PEOPLE YOU ALREADY HAVE A RELATIONSHIP WITH. PRIMARILY FRIENDS AND FAMILY. THE PROBLEM WITH WARM MARKET PROSPECTING IS THAT MOST RUN THROUGH THAT LIST OF PEOPLE VERY FAST USUALLY WITHIN 30-90 DAYS.

YOUR COLD MARKET IS A VERY HARD SELL ESPECIALLY IN TODAY'S MARKET BECAUSE MOST HAVE HEARD OR BEEN APPROACHED BY OPPORTUNITIES FROM SOME ONE. EITHER ONLINE AND OFFLINE. WHAT ONLINE MARKETING ALLOWS YOU WHEN PROPERLY TRAINED IS TO USE A MARKETING STRATEGY CALLED ATTRACTION MARKETING. THIS IS A DIFFERENT CONCEPT FROM WHAT MOST ARE TAUGHT IN NETWORK MARKETING. THEREFORE, YOU MUST UNDERSTAND

11

THE DIFFERENCE IN PROSPECTING AND MARKETING. PROSPECTING ISN'T MARKETING IT'S A PHYSICAL ACT OF GETTING SOMEONE INTERESTED IN YOUR BUSINESS. USUALLY GOING SOMEWHERE LIKE A COFFEE SHOP OR A MALL APPROACHING STRANGERS AND SOCILATING PEOPLE THAT YOU HAVE NO RELATIONSHIP WITH.SO YOU END UP TRYING TO CONVINCE THEM TO JOIN YOUR BUSINESS.

12

Business like any other and takes time to build your network. Even when using social media, you must learn to combine the leverage factors of technologies such as social media and the internet. With the high touch factor. Here are 5 success strategies
13

1st The Reason most are taught cold market prospecting in Network Marketing we say this is a relationship business but these strategies seems to be self-serving strategy. This especially true starting out cause your there and are told you can make money fast this way. The best of these can switch from the self-serving attitude to the servicing attitude needed in this business. Remember your there to solve their problems, not yours.

14

The 2nd reason with cold market prospecting with an individual offline. The 20 foot rule. Which meant talk to every one 20 feet of closer to you or who had a pluse.Every conversation you have was suppose to lead up to introduce people into your business. When invited to friend's holiday parties with relatives you have that prospecting recruiting agenda lurking 15

This brings us to the 3rd reason why cold market prospecting is hurting your business. Most Distributors are taught to chase after friends and family. You become the Amway Guy or whatever business opportunity you are selling. People see you coming and began to walk the other way. If you have a favorite social place you frequent like a local pub or bar, the people in these social settings begin not to want to serve you because they anticipate you bringing up

16

your business with them. People stop inviting you to place because of the agenda that lurks back there in your mind. You must learn to turn it off. This can even happen worst online because your reputation can get around to Top leaders who are respected which can be really be bad for your business
17

The 4th reason is Facebook. Facebook is the biggest social media platform around. But you must remember it is a social platform. One of the facts about Facebook is that they do not encourage cold market prospecting. In fact, they hate it. See Network marketers are taught to online and offline to chase family and friends about their business opportunity by sending a private message to individuals to check out their business. In the social platform of
18

On Facebook, you can run the risk of getting your personal account shut down and your domain banned. Cold-Marketing prospecting on this platform is looked upon as spamming. Unfortunately, Network Marketing companies some not all are teaching their recruits this method of recruiting people into their business. This is what has given the profession a bad name.

19

The 5th reason about cold marketing prospecting. You must understand in this profession today that Prospecting isn't Marketing. It's mighty funny how we call this profession network marketing but what most are teaching to recruits isn't marketing. When did Marketing get taken out of the Network Marketing? They're not teaching much Networking either just chasing after folks
20

Understand Sells is part of this profession. Marketing is what Facebook would rather see it subscribers do instead of the cold prospect marketing that's being taught today. Marketing is considered more of a passive and mass market approach. which also allows you to target very specific groups or individuals who are looking for what you are selling.

21

This community of MLSP has top-level entrepreneurs. It has been around for the last 8 years cultivating and creating the Top leaders that are in the Network Marketing, Affiliate Marketing, and Home Business Professions. The marketing concept that's being taught in this community is called Attraction Marketing. What is Attraction Marketing? Well in short terms it's giving value based info. This could be done several ways. Through a Blog post or video post, articles or ads posted especially on social media.

22

This book is to give the voice for those who are looking beyond what they are told about Network-marketing especially outside the traditional aspect of connecting with people. Today we live in the most technological advance era known to man. Look we have always had technology. It's just now technology has caught up with human needs. Now what used to take 10 - 30yrs to his critical mass. Today technologies to hit critical mass 6month to a 1year

23

We are now in a critical area where technology will accelerate even more so in the next 5- to 10yrs is where the next billionaire is going to be made. Those that keep breast on these advances whatever they may be will benefit from them. Look what technology in the last 10 yrs has created 100 billionaires. Airbnb

24

The guy who owns the drone marketing is worth a cool 3.2billion in that market. The crypto- currency It's becoming a thing today Just recently I have seen these pay day loans place are taking payments in cryto currency. Back in 2012 a 21 yr could invested in this digital currency just 20$.

25

Today that investment is worth 11. 2Million. What other things the technology has don't especially within the business world it has cut out the middleman. People using social media site to market their product especially artist today in the Music industry.
26

DJ marketing their skills today with Fb lives and using other social media venues like sound cloud has already changed the game and cut the middleman out of the distribution part of the music business. Venues like sound cloud allows music artist to market their products and get paid without the assistant of corporate label to take their share

27

This has caused a great disruption in the music industry. This how Justin Beaver was discovered on YouTube and countless other artist and being discovered. Another thing that's a disrupting in the entertainment industry is mobile technology.

28

The cameras today on these high-end mobile phones are as good or better than some of the cannon D series cameras that you may pay $800 to $1000 dollars for.

29

Today people are shooting major productions using iPhone technologies and drone technologies. Plus, now your able to do post-production using just a laptop computer because the availability of video editing software that has the quality of any major studio facility.

30

Like it or not this is the big disruption technology that's happened in most of our lives. And it not going away.

What's going to happen more of the same is going to happen.

31

There's no sense on resting and getting comfortable with what's happen now because what coming on the horizon will

probably blow most of your minds. About a month ago I so article talking about how Apple, Micro-soft, and the Facebook founders all invested in this new technology that will put smartphones like the iPhone we be as we know them will be obsolete. I think the article was called Death of the Smartphone.

32

Now I can't say what this new technology going to be because it was talk about much. Only thing was said who was investing and the Billionaires That are investing Warren Buffet was putting some money into it. As a later part of the Baby Boom Generation most of my friends seemed really to astonish how I have adapted to this technological age that we live in. Few weeks ago, talking with a guy that lived in the neighborhood who repaired my computer.

33

I found out we went to the same computer school here in Columbus Ohio. The school now defunct was called PSI. This was back in the late 80's, Back then a lot of guys especially with in the Black community where getting degrees in engineering.

34

By the end of the 80's most had lost their jobs because technology started to displace a lot of engineers meaning computers. This is when I knew I made a smart move by learning some computer technologies. Though I didn't graduate from the school the info that I learned I still use today. I also saw where the future was going. That education gave me an appreciation and a foundation to have move on to the skill sets I have today.

35

Fast forward to today I find a lot of my friends complain about the technology but also to have them. I have friends who say they hate Facebook but have Facebook account profiles. Yes, sometimes I have that love-hate relationship with technology but it's in a different way than most of my friends,

Now that I'm at the end of this book.

36

The people that have influenced me are many from my Martial Art instructors and mentors, from reading like from Robert Kiyosaki to Mike Dillard, Paul Zane Pilzer. Dr Boyce Watkins And Dr Claude Anderson

37

You follow me on Facebook GJSEnterprises and on Twitter under the same name more informative educational Books.

I like to dedicate this book to all that has had a big influence on me in my life and in business also in the Martial Arts. My reason for writing this book was to give struggling people who wanted to start a business online and who weren't given training on what was truly working now in the Network Marketing and direct-sells the business.

38

The days of chasing clients and prospect are over the smart business man or women learns to leverage technologies. Like social media and the internet is the way to go. The also dedicate this to the people who have the vision to look outside the box in anything that they choose to pursue. Most of us are social engineered to thing only one way to make a living and only one way to connect with people.

39

Stay tune for my Next Book
Your own the wrong side of The Balance Sheet

40

www.ingramcontent.com/pod-product-compliance
Lightning Source LLC
Chambersburg PA
CBHW031552210526
4546<u>4</u>CB000036B/1308

www.ingramcontent.com/pod-product-compliance
Lightning Source LLC
Chambersburg PA
CBHW031559210526
45464CB00003B/1349